# 지금 있는 곳에서

이양복 네번째 시집

창조문학사

# 지금 있는 곳에서

이양복 네번째 시집

5_지금 있는 곳에서

## 익어가는 것이 사랑뿐이랴

배부르지 않은 포만감이야
끓어오를 때
모락모락 김이 나는
서로를 껴안고 포옹하는 일이야
따뜻한 눈길과 따뜻한 미소
늘 따뜻한 울림이어라

끊임없이 피고지는
꽃들의 노래일 것이야

텃밭에서 토마토가
세찬 소나기 맞으며 익어가고
냇둑에 감이 붉긋붉긋 익어가고
벌판에서 벼가 노랗게 익어 가리라

문풍지 울리는 차디찬 겨울
사랑하고 감사하리라
기쁨도 슬픔도 잘 익어
낯설지 않게
그리움까지 숨겨 두리라

2020.6.14

9_지금 있는 곳에서

## 이 땅 위에

혹독한 세상 어딘가에
사랑의 탑은 세워지고
감사의 강은
시나브로 넘쳐오리라

문을 열고 귀 기울이면
평강의 종소리가
남북 강토에 가득히 들려오리라

오, 속삭임이
공연한 수고가 아님을
위하여 눈물지며
위하여 기뻐하며
새 날을 다듬어 가리라

11_지금 있는 곳에서

## 천리포 수목원

굿 모닝 맘
나무사랑 아침 인사
모두 흙길이다
오리 몇 마리
연꽃 사이사이 떠돌고
숲을 찾아오는 바람
온 몸에 휘감겨 상쾌하다

언덕에 올라
어울어진 섬들을 바라본다
평생 풀과 나무와 숲을
지성으로 심고 가꾸어낸
민병길박사를 존경한다

십팔만 평에 만 사천 여종 식물이
모두 행복하다고 수런거린다
그냥 풀이 아니고
나무가 아니고 숲이 아니다

뱀의 보금자리조차
팻말이 서있다
오, 생명 사랑의 극치
나무사랑 신세계라

2013.9.20

13 _지금 있는 곳에서

## 귀향

낚시에 잡혀 온
열 다섯 마리중 유일한 생존자

우리집 수족관에서
꽉 찬 오년을 지내고
고향으로 돌아갔다

동영상 찍어 왔어요

어항물 누수로
아내가 베란다에서 크게 넘어져
이 미물에 기적이 생겼음이라

용연저수지에 가서 방생하니
당황한듯
돌틈에서 머뭇거리다가
유유히 사라졌다고,

오, 구사일생
기약없는
모진 삶을 잘 견뎌냈구나.

2018.9.34

## 백제보를 지나며

전망대에 올라 내려다보니
아득한 강물이 되었다
청남들녘 익어가는 가을
반쯤 노랗고 반쯤 하얗다

라이더 서너 명
넓은 수변공원에서
밀고 당기며 시간을 즐긴다

이 강물 거슬러 신탄진까지
돛단배 왕래했다지요

무상한 세월 그대여
가을꽃을 즐기고
가을 들길을 즐기고
가을 강물 즐기소서
아련하게
가을 노래를 부르소서

2014.9.27

## 선유도

망망대해 물결너머
아스라히 보이던 섬 몇 개
다리 셋 건너니
육지가 되어 있음이라
요술 같은 세상

과학과 기술로 만들어낸
위력전인 발전 앞에
할 말을 잃는다

머나먼 세월 지나
거대한 축복이 이곳에 왔다

오월 햇살이
푸르른 잎새들 위에 춤춘다
푸르른 물결위에 빛난다

저 신화적 풍경안으로 들어가
감탄과 경악에 빠져 보자

2020.5.6

## 세월의 물살

꽃시절 잘 지내고
무지개 뜨는 오월
신록은 지평선으로 번져갑니다

젊은 소망 솟아 올라
불꽃처럼 타오르고 밝혀줍니다

인연은 축복입니다

어둠도 밝음도
차가움도 뜨꺼움도
어울어지는 뿌리입니다
연민이자 사랑이자 평화입니다

하나 되어
날개를 활짝 펴고
창공을 날아갑니다

인내와 정열과 배려로
줄기차게 살아갑니다

19_지금 있는 곳에서

## 고추와 장마

장마중, 지리멸렬
아파트 난방으로 고추 말리기다
점점 상해가 궁여지책
매운 실내와 활동공간
애로가 겹친다

집을 벗어나
수도산 고개를 넘어간다
한 참을 걸어서
중앙시장으로 들어가
국수 한 그릇 먹고
마음이 편안해진다

가벼운 걸음으로 도서관행
시원하고 조용한 분위기가
많이 고맙다

신문 읽고 책 보고
혼자 놀기
아주 딱이지

지나가는 시간은
우리에게 모두 약이야

## 정월, 공원에 온 날

휘이휘이 둘러본다
영남루를 지나 현소각에 들려
연못을 내려다 본다

모로 누웠다. 얼어붙은 작은 배
바람이 상큼상큼 지나간다
비어 둔 것끼리의 가벼움이다

가을에 보았던 하늘
비둘기들이 땅을 차고 날아올라
깊은 하늘을 채운다

은빛 눈부심으로
퍼덕이는 비상
이 상쾌함, 홀가분함으로
멀리 날아가고 싶다

2003.1.8

## 구룡리 가는 봄길 2

화창한 오전
구룡리 들길에 나오니
가벼운 갈대가 반겨준다
논에는 그렁그렁 눈물처럼
봄물이 고여 있다

마을로 가는 길
아지랑이 가물거리고
논둑에 서있는 나무들 사이로
멀리 마을이 드문드문 보인다

투정 부릴 것도
매만질 것도 없는
포근함이 넘쳐나는 풍경

언덕배기마다
쑥밭이고 클로버 밭이다
무엇이든 푸르러지는 사월

켜켜이 곡선을 그리며
풀꽃들이 환하게 봄을 열고 있다
요동치는 생명의 계절이다

## 지금 세상

네팔보다도 작은 대한민국
이 땅에 오천만이라
벌레보다 더 많이
바글바글 이지만
온 나라 출산정책으로 아우성
많이 앞당겨 걱정들이라

진풍경 하나

방방곡곡 저 산골동네
무허가 박스집앞
비닐하우스 주변까지
잘 생긴 자동차들 세상이다

해봤어?
하면된다

선배들의 땀과 피와 눈물로
이룩한 역사적 금자탑
계승 발전 받들어 나가야지요

우리나라,
세계인들이 알아주는 작은 거인국이 되었음이라

2019.7.25

## 그 오랜 날의 늪

우여곡절 끝에 지금은
젊은 목사님 부임해서 목회중임

새학기 등교하는 마음으로 갔다
성가대 맑고 그윽한 울림은
따뜻함과 떨림, 성결함이구나

교류이고 풀어줌이고
환한 말씀의 대지로 나아감이지
소망의 싹 돋아나는 나날이 될 것인지

저 웅장함 교회당이여
온전한 사랑의 장소로

삶에 지친 사람들이 평안함을 느끼고
새 힘을 얻는 거듭나는 교회로

그 오랜 날 늪에서 벗어나
비상의 나래를 장쾌하게
펼쳐 나가게 세워주소서.

2003.11.2

## 풀과 일

눕히느냐 견디느냐
농사짓기 놀이의
끈질긴 상대입니다

햇살 고른 사월에
발을 뒤집어 놓으면
밟기조차 송구스러운
아주 부드러운 촉감이지요

새싹이 생길까

인해전술입니다
한 시절 왕성하게 솟아나는
불굴의 생명력입니다

2010.7.5

## 흔들기

김추기경님을 흔들고
법정스님을 흔들고
숭고한 정신세계까지 흔들기다

완전무결
인간세상에 존재하지 않음이야

드문드문 훌륭한 분들이야
관용과 사랑과 화평을
온유와 인내와 용서를 배움이라

조금이라고 실천하여
더 나은 세상 세워나가리라

2010.7.5

## 대평리에서

비 그친 뒤 개울물소리 흥겹고
산벚꽃 흐드러지게 핀 산기슭
다랭이논마다 봄물이 출렁출렁

늙은 농부가 밭에서 허리를 편다

하얀 나비 서너 마리
나풀나풀 눈앞을 스쳐간다

해묵은 스레트집
안마당 빨랫줄에 걸린 이불이
봄햇살에 따끈따끈하다

저기 연둣빛 산모롱이를 지나
서글서글 님 찾아오려나

2015.6.27

## 꼭대기 바람

아, 푸른 산의 나라, 나의 조국
완주, 논산, 금산에
굽이치는 곡선과 곡선
급경사 골짜기 군데군데
소나무와 대나무가 절벽에 박혀
천년 바람속의 의연하다

대둔산은 거칠고 거대한 직립
출렁이는 구름다리
여자와 함께 살짝살짝 건너가자
계단따라 이어놓은 철제 바가
사람 손길에 미끈미끈하다

동학군 최후 항전지
빨치산 최후 근거지라
민족의 아픔이
어찌 이곳에 와 숨었을까

정상 부근 가게에서
사람들 모여서 웃고 마시고
떠들며 삶을 즐긴다

아,나의 조국 푸른 산의 나라

29 _지금 있는 곳에서

## 마녀사냥 2

어릴적 어느 봄날
뜻밖에 공주((?) 되었네요
숙녀가 되는지 싶더니
청천벽력 불의의 총탄으로
양친을 잃었습니다

허공같은 세월 흐르고
한 시대를 압도하는
새 지도자가 되었음이라

인생무상, 큰 별이 된 그가
벼랑끝 나락으로 추락하게 될 줄이야

최순실과 잘못된 교류로
가지가지 넘치는 의혹으로
팩트와 픽션이 뒤엉켜
광풍이 붙어닥쳤습니다
끝내 여러 죄명으로 감금되었습니다

이 역사의 아이러니를 어찌 할꼬
멀리 위험하고 애절한 노래소리
우리는 의혹과 누명에서 반드시
옥석을 분별해주어야 합니다
그리고 기울어진 역사를 바르게 세워야 옳습니다

2017.4.17

## 낙화유수

유유히 흘러가는 물이라
나라에서 해야 할 중요한 정책
댐이나 보나 저수지나
물은 생명 그 자체니까

가뭄과 홍수 관광 여가용으로
완공한 사대강 보에
정부가 비생산적 결정을 내렸다
놀라운 단견이라

몇 년 전 충남지역
극심한 가뭄 때
긴 수로를 다급하게 개설하여
백제보물을 보령댐으로 보내
생명수로 이용한 경험을 생각하자

치수는 불변의 역사적 비젼이라

2020.5.17

## 회상

해질녘
뒷산 공원으로 올라가
몇 바퀴 걷다가
한구석에 자리 잡는다

여호와증인 교회 후원에
만개한 목련꽃이
눈에 가득 들어 온다

하얀 드레스 입고 들어서던
아름답고 젊은
신부가 떠오른다

가부장적 사회에서
오래도록
크고 작은 시련을 견디고
상처에 굳은 살 배기니
좋은 세월 속절없이 지나갔다

늦게나마 자아를 발견
꾸준히 그림을 그리고
성가대를 열심히 하는 그녀가
장하고 희망적이라

## 칠월 숲속에

깊고 푸른 숲
컴컴한 그늘

바람 따라 나가면
키를 넘는 야생화의 군무
흔들리는 관능으로
경련이 난다

새들의 노래도
나무사이 빠르게
건너뛰는 청솔모도
기어오르는 풀 벌레도
경쾌한 옷을 입고
다가오는 여인도
무성한 기다림이다

2008.6.5

35 _지금 있는 곳에서

## 삶을 벗어나기

그는 우리집 단골
오랫동안 연탄장사로 생활했다

우리를 시험에 들게 하지 마시옵고
다만 악에서 구하시옵소서

그는 온전한 아내를 의심하는
심약한 사람
간질환으로 여러 번 입원치료를 받았고
정신병원 치료도 받았다
아내가 다니는 교회에
한동안 출석해 보았지만
좋은 성과가 없었다

그의 아내는
청소부 일을 하며
간병하며 그야말로 고군분투
밀리고 밀려 단애의 끝
마지막 입원한 병원에서
가까스로 소천했다
가엾고 험남한 목숨
떠나는 본인은
얼마나 홀가분했을까

평화롭게 거두어 가심은
참으로 축복임을
깨닫게 하심이라

## 강설기 2

눈 내리는 한 밤의 정적은
사월의 꽃과 팔월의 바람
시월의 산과
잃어버린 사람의 모습에서
문득문득 우리를 손짓한다

하루를 작별하고
몇 모금 독한 술을 마시며
사라지는 시간
사라지는 의미를 생각하는가

여린 손끝에 맺혀 있는
난해의 삶의 이야기

흰 장미와 보랏빛 하늘
여름바다와 슈벨트를
좋아하는 그대

꿈의 파편을 버리고
안스러히 오늘을 살아간다

아, 눈이 수북수북 쌓이는 날
그대 찬 손을 잡고
고요한 숲길로 나들이 가자

## 소망을 위하여

하루가 지나가네
우리도 지나가네

심령이 가득한 이들 모여
찬송하고 기도하네
위로하고 격려하고
섬김으로 품어주네

우리들의 신실과 인내와 온유로
세상은 밝고 맑아짐이라

울창한 솔숲에서
새들 노래소리 즐겁구나

대학교회 오고가는 골목
풀꽃들이 환하게 피어나고
산들바람에 흔들린다

아, 말씀안에
사랑과 평화의 세상이어라

2017.10

## 전이 효과

감사합니다, 고맙습니다
듣고 싶어하는 좋은 말입니다
마음이 겸손해지고 새 의욕이 생기지요

대체로 사람들은
칭찬하기와 배려하기는
인색하고 받기는 좋아합니다
우리들의 이중성이지요

늘 회개하고 감사하고
기도하며 생활하는 것이
신앙인의 기본 모습

감사하는 마음이
가지를 뻗을수록
점점 가정은 화목하고
주변이 명랑해집니다

## 머뭇거리다가

여러 얼굴을 들이대고 떠난다

물안개 자욱한 우강 들녘
수런거리는 봄날

여름날 며칠씩이나
유리창을 두드리던 빗줄기

가득차게 무르익은 가을 저녁
풀벌레들 젖은 노래소리

세상을 뒤덮은 하얀 알몸, 그 겨울

그래 모든 흘러감에 섞여
산전수전 겪어 낸 삶이
진정한 우리들 모습일 거야

2005.4.19

지금 있는 곳에서_ 42

## 여미리 수선화

산들산들 불어오는 바람과
따사로운 햇살이
샛노란 봄을 열었다

짙푸른 솔숲 아래
커다란 고택 주변이
다 수선화 물결

파란 하늘에 맞닿은
분수 물줄기가
새 봄을 활기차게 적신다

저 화사한 꽃밭이
팔랑팔랑
여인들과 뒤섞기는 오후
유유자적 자유와
사랑의 시간을 누리자

2019.4.30

## 물위를 걷기

여가문화가 사람들을 불러내
예당저수지 물위를 걷게 합니다

젊은 갈망의 시절
세숫물도 아끼는 궁벽진 섬에서
허송세월 사년쯤 머물렀습니다

어떤 여름방학
바람결에 찾아온 여인과
하얀 물살 파도치는 해변 언덕
로맨스가 잠시 떠오릅니다
서울 여대생과 섬마을 선생의
반 세기도 지난
희미한 얘기입니다.

예수님은
수면위를 걸어가시고
저는 어리석고 나약하고
애매한 죄인입니다

2019.10.17

## 춘천기행

일상이 얼마나 소중한지
밖에서 체험해 보자
청량리역에 많은 피서객들이 기다린다

철로변 방음벽을 끼고
기차가 속력을 내기 시작 한다
무성한 초록빛 세상
벌써 나뭇잎들이 거칠어 보이네요

가평역에서
물을 즐기려는 사람들이 꾸역꾸역 내린다

애기를 안고
승차한 젊은 아줌마가
신문을 좀 달라며 미소를 보낸다
애기를 꼼꼼하게 덮어 주네요
임기응변 재치에 주변이 환하다

가며가며 보니 바위산을 깎아
난공사 철길을 냈음이라
강원도 숲은 갈수록 깊어진다

분지도시 춘천역에 내린다
국악원까지 슬슬 걸어볼 참이다
주변의 풍부한 물을 생각하니
저절로 시원해진다.

2002.8.11

## 세월 4

그대가 늘 기다리는 계절
해질 무렵의 바람이
언덕너머 사라집니다.

은행잎이 눈처럼 쌓이는 길
함께 걷고 또 걷고 싶어라

산기슭 타오르는 관목숲
계곡에 흩어지는 물소리
표표히 흘러
무엇으로 돌아오는가

그대가 사랑하는 계절은
못다한 말, 남은 슬픔까지
기억되지 않을 것이라

한 알의 밀알, 흙에 묻히듯
어둠으로 돌아갈 준비할 것이라

2012. 충남문학 겨울호

지금 있는 곳에서_48

## 강설기 3

함박눈이 내린다
밤새 내리고 오전 내내 내린다
청수공원에 가볼까
공간이 햇살처럼 환하다
잎 떨군 가지마다
고스란히 쌓이는 눈
바람 한 줄기 없는 날
마음이 따듯하고 포근하다

저 쪽에
싱그러운 소녀가 걸어오나요
성숙한 여인이 걸어오나요

공원 숲에서 설경을 만나
맘껏 보고 밟고 거닐었으니
행복하고 감사한 날이라

## 놀이터 1

병천 산골짜기 비탈밭
추수기다
아내 친정 사람들 모여서
알밤줍기, 고구마 캐기
들깨 베기, 수다즐기기로
하루 해가 짧다

에너지 넘쳐나는
네살배기 손자
피아노 건반 두드리기
세탁기, 컴퓨터
프린터기 해보기
조마조마한 놀이
온통 우주적 놀이
온통 우주적 시기다

안전 제일이라
심심하면
단잠이나 잘까

사랑스러운
긴장감속에
하루 해가 짧다

2009.4.17

## 세월 5

늦은 가을에는
황량한 들녘 어디로
홀연히 사라지고 싶다

돌아가는 소리와 함께
조금은 무표정하게, 안타깝게
환각의 종소리 들린다

여름내 안으로 통곡하던 상실은
빛깔 고운 과일

이슬 묻은 뜨락을 지나가면
사르비아 몇 떨기
노을빛으로 타오른다

## 개나리꽃에 대하여

황홀한 색깔
충분히 즐기다 보니
마음까지 밝아짐이라

이십여 년 전
아내가 개나리 가지 몇 다발
머리에 이고 가서
칠백 평이 넘는 밭 둘레에
주욱 꽂아놓은 것이
저절로 번창해서
밭안으로 퍼져 나가자
뿌리까지 제거하기로 작심
누구의 만류도 사양
혼자서 반년쯤
끈질기게 움직여 완료
두 가지 다 벅찬 놀라움이야

시작이 있으면 끝이 있고
올라가면 내려가는 진리에
노란 추억은
아름다운 세월이었다

기회를 주신 하나님
수고한 아내에게 이 봄
깊은 감사를 느낀다

2021.3.28

## 오늘

이른 아침
백세 어머니는
유치원차에 오른다
한 세기를 통과하는 중

마음이 오락가락하고
흔들리는 육신이지만
낮시간 유치원에서 지내신다

말씀과 찬송과 기도로
하루를 열어주는 목사님 부부가
마침 유치원을 운영함이라

아침에 배웅하고
저녁 때 마중나가기 이년쯤
어느 시절에
어머니의 작은 손을 잡고
이렇듯 걸어 보았나

무한사랑 어머니가
순박한 어린이가 되었음이라

## 세종보

오롯이 담아둠이라
솟구치며 넘쳐 흘러감의 여유
보고 또 볼 것이라

깊이 수런대는 강심
근원은 작으나 중심은 창대하다

여기저기 갈대숲
호수위로 가을을 불러 모은다
새로 난 다리위에서
청록빛 산을 바라 보며
출렁이는 강물을 바라보며
문명의 호사를 누린다

실사구시
수변지역 저물어가는
들녘도 한결 넉넉하다

2012.9.16

## 첫눈

창문이 훤하다
언뜻 눈을 떴다
기다리던 손님이 밤새 오셨군
아랫동네 지붕, 장독대, 골목길
십자가 불빛너머 앞산
다 청순한 세상
하얀 잔칫날이다

이른 아침 손자들에게
카드를 전하러 가는 길
초등학교 뒤뜰에 접어든다

쌓인 눈위에
발자국내기 주저주저
머뭇거리는 이마위에
섣달 스무 나흘
햇살이 눈부신 날

## 정자골, 2013년 봄

누구의 잘못도 아니다
더불어 온 것일 뿐
마늘밭에서 또는 하우스 안에서
늙은이 두어 명 오늘 할일 해야 한다

바람부는 들녘에
농부가 혼자서 논을 갈고
빈 집에서 개들이 컹컹거린다
메아리가 멀리 사라진다
누구의 잘못도 아니다
적막은 견딜만한 것이니까

월산 아래 저수지물은
아직 차고 푸르고 깊다

아랫 마을에 띄엄띄엄
집들이 엎드려
따사라운 봄햇살을 아낌없이 누린다

오래전에 비탈논은 납짝해지고
포장되어 농로는 매끈하고
어린 가로수로 치장했다
그러나 아이들 뛰노는 소리
전혀 없는 적막강산 이 세월
우리는 견뎌내야 한다

지금 있는 곳에서_ 60

## 외암리에서 3

버들가지 젖망울 생겼다
벙긋거리기 시작하는 개나리
시원스레 돌아가는 물레방아
조청집 바깥마당에
참나무 장작더미가 쌓여 있다

땅을 파니 돌 반 흙 반 이더라
휘어지는 돌담길이
어릴 때 고향마을이다

담너머 초가집마다
멍석들 가지런히 걸려
보숭보숭 기지개를 켠다

구부러진 노송들이
반가의 품위를 속살거린다

이리저리 고샅길이
정적안으로 나를 끌어 당기고
좀처럼 놓아주지 않는다

## 삽교천 주말

바다를 건너가는 대교가 보이고
방파제 위 놀고 있는 갈매기들 보이고
물결 밀려오는 해변이 보인다
동그란 공원길에 간간 유모차가 지나가고
즐거운 아이들이 손잡고 지나가고
어깨 기댄 애인들 보인다

잔디밭에 작은 음학회가 열리고
수산시장 드나드는 끊임없는 발길들

어선 몇 척 떠있고
유람선이 물살을 가르며 멀어진다

이 화창한 봄날
여유와 평화가 범람하는 신평면
바다와 호수가 마주 앉아
꿈꾸듯 호시절을 즐긴다

2013.4.13
2021.4.16 충남문학 71에 발송함

## 호기심도 함께

기웃기웃 계단을 오르나니
왜소해진 대웅전
넓은 앞마당
연등 물결 살랑살랑
세상이 다 엿보인다

슬금슬금 걸어 올라
덕숭산 정상에서
무변 공간을 즐기자

깊은 산 비탈에
오래 묵은 절
부속건물에 둘러 쌓였네

나들이 나온 여인들
옷매무새처럼
새롭게 변신함이라

세월이 다 엿보인다

우리들 한 평생
올라가기와 내려오기
부질없는 반복임을..

2018.5.18

## 보성에서 쉬어가기

비탈진 녹차밭을 어슬렁거린다
삼나무 숲길 흐르는
계곡물에 발을 담그고
즐거워하는 아이들이 사랑스럽다

주차장 가득 메운 승용차
오후 햇살에 반짝반짝이고
소풍 나온 사람들 의상이
화사하고 산뜻하네요
생활이 많이 윤택해졌음이라

칠천원하는 소머리 국밥
따라나온 반찬이 정갈해요

모텔에 여장을 풀고
간단한 회식 하면서
치매 어머니 보살피는
친구의 안타깝고 아픈 사연
인생예기를 듣는다

2013.6.6

## 싸리꽃 물위에

가전리 산비탈
싸리꽃이 덩어리져 피어나더니
맑은 계곡물로
하르르하르르 진다

한 점 파문도 없는
새하얀 관능의 몸짓, 몸짓
수줍은 향연이구나

꽃의 사태로다
꽃물을 가득가득 퍼다가
어린 고추밭, 고구마밭에
흠뻑 적셔 준다

연두빛 신호에 숨막히는 오월

2013.5.5

## 마음을 씻으며

적막한 숲길을 따라 간다
혼자인게 더 좋다
함께 가는 맑고 깊은 호수를 보며
점차 마음이 편안해진다
소음과 어지러움에서 벗어나면
감사하는 마음도 생긴다

물은 부드럽고 산은 평화롭다
조악한 우리 마음에도
선량한 변화를 준다
자애로운 어머니의 품안이다

온갖 세상살이
많이 어렵고
많이 고독하지 않은가

소곤소곤 내리는 비를 맞으며
무념무상
젖어서 걸어가보자

2020.2.1

## 홍시

하얀 접시 위에
홍시 하나

이른 아침
손자들 보살피러 갔다가
오밤중에 귀가하는
아내를 기다린다

홍시를 바라보고
미소짓는
해맑은 모습이 보고싶다

불안정한 나에게
시집 온 키가 크고
순진한 신부가
감당해 낸 삶의 얼룩들로
늘 미안하고
안쓰럽고 감사함이라

2019.10.23

## 아침을 열며

흑성산 위로 치솟는 장엄한 해를 보자
새롭고 힘차지않음이 없는
온누리 구석구석 한 해 동안 보듬어 가리라
새벽 하늘 비행음 우렁차고
용트름치며 달려가는 기차가
의욕을 충천하게 할 것이라

새벽 시장에서 산더미 같은
푸성귀를 내리는 화물트럭
붕붕대는 소리가 올해를
줄기차게 떠밀고 나갈 것이라
분주함에 희열을 느끼며
역동하는 행복을 만들어 가자

올해도 칭찬의 잣대 많이 사용하자
질서의 불씨, 청결의 불씨, 사랑의 불씨를
왕성하게 살려내고
실천하는 시민이 되자
자신이 주인공이 되자

함께 하늘 아래
살맛나는 천안을 일구어 나가자
살맛나는 세상을 일구어 나가자

1999.1.1

## 옥령 전시회

해바라기와 호랑나비 두 마리
하트 위에 새 한 마리
바람 부는 날 황새 두 마리

물고기 두 마리와 떡 다섯 덩어리
성모마리아와 다섯 마리 새
십자가에 맺힌 물방울들

어두운 공간에 나비 세 마리
콩깍지와 강낭콩 다섯 알

여자가 들어오더니
혼란스러운 춤을 춘다
꽃과 나비와 새들의 세상
황홀한 춤을 기다려야 한다

2013.11.25

## 초가을, 마곡사

마곡사 가는 길은
산 모퉁이 몇 구비를 천천히 걸으며
개울물소리 들으면 족하다
송사리떼 몰려다니는 잔물결을
가끔 바라보면 족하다

해탈문 광장에 넘치는 햇살과
이 깊은 적막감속에 나는
은행나무 그늘 아래 머뭇거린다

청결한 마당을 지나
돌다리를 건너간다

대웅전이 사바세상을 내려다 본다
사람들은 상처를 쓰다듬으며
다 어디로 갔을까

마루에 걸터 앉아
여인 둘이 머리를 만져 주며
고찰의 정적속으로 가라앉는다

버석거리는 대나무숲

2019.9.10

## 추사 고택

예당 들녘 한 복판
노송 아래 앉아 기웃거린다
슬며시 옷깃을 흔드는 솔바람
시선 닿는 곳마다
동산숲이고 과수원 천지
오월 신암

고택 주변 잔디가 자분자분 자란다
보라빛 오동나무꽃이 눈길을 끄네요
연초록 은행나무 잎들이 물결친다
먼 동네 건너가는 뽀얀 길이 정답다

함께 온 여자
넓은 산소주변을 오락가락
산책하더니 봄길 따라 사라졌네

2014.5.10

## 은행나무, 그들은

들녘으로 가든
산골마을로 가든 십일월
강토산하 어디서나
황홀한 노란 이파리들
절정의 시절이다

암컷은 단단한 열매를
다닥다닥 품었다
따사롭고 고결한 기품이다

벌레들은 은행나무를 피한다?
정갈한 몸을 유지함이라

밝고 환한 노란 빛을
더욱 좋아하게 되었다

2020.10.28

75_지금 있는 곳에서

## 그날 밤 2

북촌마을 기울어진 길 돌고돌아
나지막한 기와집에 일행이 들어섰다
대청마루 위 언제 풀어 놓았는지
쫀득쫀득 맛이 참 좋다, 인절미가

쎄쎄쎄 놀이도 하고 노래도 부르고
갑론을박하다가 방으로 흩어졌다
로션냄새가 사라지니 좀 아쉬운가

단구에 유머러스하고 겸손한 사람
청주에서 온 권시인하고 한 방을 쓰게 되었다
이런저런 얘기로 자다 말다 새벽이네
바람이 문풍지를 지나가는 소리

이브자리 아래 아직도 따뜻하고
흰 포플린 이불이 매우 정갈하구나
약간의 웃풍과 함께
훈훈하고 쾌적한 밤을 잘 보냈음이라

2014.6.15

## 삼거리 설경

이른 봄
박물관에서 삼거리 공원으로
건너가는 육교위에
눈이 두텁게 쌓였다

바람 한 점 없는 삼월 오후
겹겹 햇살이 눈부시다
드넓은 공원 전체가 눈벌판 이야

세상살이 단순해진다
나는 우화속 작은 벌레

묵은 소나무들이 감싸듯
도열한 연못
눈물속에 들어와 눈물이 된다

우왕좌왕
순백의 풍성한 자유를 즐긴다

2010.7.5

## 진천 농다리

스물 여덟 칸
돌무더기 다리 건너
그대의 손을 잡고
언덕을 올라 간다
구겨진 영혼을 서로 다독거린다

성황당 고개를 넘어 서자
푸른 호수가 눈에 가득 들어온다

오후 햇살에
야외음악당 아래
물결이 속살속살 춤을 춘다
오, 분망한 자유와 충만한 평화

일어서라
사랑스러운 봄의 생명들아

긴 호수를 감싸 안은
넓고 넓은 초록빛 오월

2015.5.23

79 _지금 있는 곳에서

## 목련 꽃 나무 아래서

햇살이 사뿐사뿐
자목련꽃잎에 내려앉는다
아리따운 새댁이 쑥을 뜯는다
반 세기 저 너머에서 온 여인

꽃 시절 긴 봄날
세종로 신문회관에서 결혼식 올리고
훨훨 유성온천으로 여행을 갔다

이듬해 일월 첫째가 태어나고
삼년후 둘째가 구월에 태어나서
무럭무럭 자라나고 공부하더니
어느덧 사십대가 되었네

시간은 쏜 화살처럼 지나가고
한 가계의 역사는
슬기로운 여인을 거쳐
파릇파릇 이어가리라

2017.4.16

## 궁남지

팔월 끝 친근해진 열기랄까
꽃 진 뒤 새로 보는
너울너울 청록빛 잎의 무리
통나무로 엮은 길이 숨는다

비온 뒤 하늘은 멀어지고
작은 배 한 척
나무그늘 아래 한가롭다

두런거리는 시간이
연잎 위에 그림자로 쌓인다
중얼거리며 기다리는
먼지 같은 삶
과거에서 미래로
흔적도 없이 흘러갈 것이라

2015.8.29

## 미술관 너머

별이 지는 밤의 강변에서
야생국화 만발한 산촌에서
홀로 밤을 지내는 일이야

지난 여름 무성하게 자란
연꽃방죽에서 받는
전율일 것이야

산사로 가는 길 위에
가을 햇살이 난무하고
숲에서 펄럭이는 새들의 합창

평안한 마음이 되어
그곳에 천천히 돌아가자

2016.10.9

## 새벽밥

새벽에 일어나면
먼저 어항 물고기밥을 준다
고맙다고
몸을 살랑살랑 흔든다

나도 어서 밥 먹고
손자들 보살피러 가야지

한 겨울
아내가 베란다에서 사고를 당해
등뼈 몇 마디가 깨졌다
양지쪽에 홀로 앉아서
집안 사물들을 살펴보고
창밖 풍경을 바라보면
일상의 평안을 그리워할 것이라

견뎌온 무거운 세월을
생각하며 감사하고
새로운 소망을 기도할 것이라

밥은 신호등이다

2016.1.3

## 민들레야

바람부는 날
풀도 나무도 얼었다

마른 풀밭 여기저기
민들레가 피었다
산기슭 이층집 넓은 뜨락

조금도 손색이 없는
노란 꽃들이 방긋방긋
나를 놀라게 한다

엄동설한이다

2017.1.7

## 문수사

잔치 꽃길 오월
쌓이는 꽃잎을 밟고 지나가기

산자락 아래
꽃나무 그림자 어울어진 연못에
뭉게구름 떠있다

많은 사람들이 모여들어
오르락내리락
화창한 봄을 즐긴다

하루를 여기서 가라앉기

화려한 사구라 꽃길
활짝 몸을 열고 있다

놀다놀다 가라고
즐겁게 기다린다

2016.4.29

## 혼자 지내기

도시 변두리
울타리도 없는 빈 집 마당
야윈 개 한 마리가
늘 묶여 서성거린다

금지옥엽 호강하는 시대
밥은 누가 챙기나
이 겨울 추위는 누가 챙기나

어느 날
근처 초등학교 운동장에서
뛰노는 모습을 보았다

다음 날 지나다 보니
목걸이를 반듯하게 했어요

일편단심, 참고 기다리는
신의가 기특하고 장하다

2017.1.19

## 조화와 함성이

오케스트라 어울림에
우리들은 환상을 꿈꾼다

약선율과 강선율
지휘자의 현란한 몸짓에
솟구치다가 잦아들다가

연주자와 관객
함께 일체감이라

아름다운 소프라노
상체 노출
정열적 신호에 몰입할 뿐
야한 느낌이 아니다

인생살이 다양하고
노력과 재능으로
긍정과 희망을 골고루
나누는 은총의 시간이다

2017.10.15

## 궁남지 2

수양버들 아래
나리꽃이 고개를 갸웃갸웃 한다
포말하는 하얀 물보라

연못 가운데 정자로 건너가는
작은 다리
물결 흔드는 잉어떼
무료한 한 낮
장마사이 갠 하늘 눈부시다

그늘마다 삼삼오오
담소하는 여인들
익숙하고 친근하고 따뜻하다

저기 고향마을 안길로
묵은 바람이 서성이다 사라진다

칠월, 부여는 연꽃정원으로
순조롭게 넓어지는 시절
사람들을 모아
한동안 다독이는 시절이다

2017.7.12

## 무리수 그 후

SKY를 중퇴했으니
드문 일이지만
이르게 해주신 것
생각하면 오로지 감사함이라

시행착오도 공부도 생활도
다 두려워서 물러서기로 했다
무모하게 시작하고
허무하게 물러섬이라

평생 부작용도 많고
주변에 적잖이 실망을 드렸다
특히 아버지께
죄인이 되었음이라

더 늦기 전에
진정한 회개와 감사로
거듭나야 할 것이라

## 추억 언저리

새벽을, 저녘을
첫눈을, 봄비를
꽃이 피기를, 바람 불기를

살아가는 일은 기다림이야

여자를, 남자를
합격을, 졸업을
돌아오기를, 떠나가기를

살아가는 일은 기다림이야

우리들은 기다림 끝에
서있는 막연한 존재들이야

## 품격 미용실

거울 앞에 노란 모과 몇 개
노란 국화분 두 개
온화하고 강렬한 풍경이
참 정겨운 모습입니다

검은 의상, 하얀 피부
헌칠한 젊은 여인 셋이
익숙하게 일합니다

나는 카트만 할 뿐
면도도 머리감기도 안 합니다

저 쪽에
작은 탁자 하나 의자 둘
커피 한잔 들고 앉아
그녀들을 바라봅니다

아마추어 같은 프로 미용실
화평한 시간입니다

2017.11.28

## 야간비행

슈퍼보름달이
구름 사이로 어른거린다
이륙인듯
골고루 전달되는 긴장감
어두운 공간 시속 400km
대구 상공 통과 중
옆에서 속삭인다
묵살 당하는 현기증
승객들의 고요함이 놀랍다
생명은 하나님 소관
나는 실감한다

내릴 준비하시라고?
초롱초롱한 후쿠오카의 불빛
먼 겨울하늘을 밝힌다

2018.1.31

지금 있는 곳에서_94

## 수요일 날

매주 수요일 날 오후
한 살 배기 손자랑 둘이서 지낸다
교감하는 구체적인 시간이 생긴 셈

보행기 타는 거 돕기, 장난감 상자 챙기기
크고 작은 공 굴려주기, 자동차 태워주기
간이피아노 살펴주기, 집짓기 시범등
같이 놀아주기를 좋아한다
신이 나면 음성은 커지고 행동은 빨라져요

오후 세시쯤
준비해 놓은 음식이나 과일은
작은 숟가락으로 먹여준다
병아리처럼 낼름낼름
받아먹는 모습이 많이 귀엽다

몸에 힘을 주는 때는 용변시간
변색깔을 살피며 물티슈로 닦아주고
새 기저귀를 갈아준다
어느덧 꽤 익숙해졌다

손자를 돌보며 조금 알듯하다
사랑은 구체적 실천이라더니.

2005.3.4

## 은둔

일월 햇빛이 푸르스름하다
세월은 무엇이든
비우기도 하고 채우기도 한다
색깔을 볼 때까지 기다리자
마침내 홀가분해지고
아름다운 날이 올 것이라

바람에 풀잎처럼
가라앉는 여자
다녀온 길은 매우 고단하구나

구만리 장천
날아가는 철새무리
날갯짓을 포기하지 않음이라

2019.1.24

## 징검다리

가을날
징검다리 위에 앉아
시냇물 흐르는 소리에
귀 기울여 보자

푸른 숲도 하얀 길도
부서지는 폭포도
활짝 열린 평화로다

냇둑에 드문드문
미루나무 서있고
어디쯤 혼자 걸어오는
여자를 기다린다

## 새만금 방조제를 떠돌며

휴게소에 서성거리며
압도당하는 사람들

하늘가에 구름 몇 송이 둥둥 떠있고
새들은 푸들푸들 솟아오른다
바람 모퉁이 밤비 맞은 구절초
단아한 한 나절
모든 삶이 사랑스럽고 눈물겹다

지평선 지나와 수평선
출렁거리는 물 앞에
울렁이는 몸을 달랜다

팔십리가 넘는 방조제
시간과 흙과 돌이 굳어
십구년이 지나갔구나

불굴의 에너지와 위대한 창조
대한민국이 못내 자랑스럽다

2013.10.19

## 그릇에 대하여 (주다영 결혼 축시)

윤동주 서시를 애송하고
박완서 글을 좋아하는 그가

행복의 계단을 오르고자
풋풋한 튜립같은 미소를 머금고
늘 사랑의 씨앗을 나눠 주는 그가

오늘 임의 곁에 나란히 선다

청순한 눈망울로
서로를 바라보리라
정답게 스며들어 살아가리라
아름답고 벅찬 날들이
다가올 것이라

마음을 섞어
감사하고 격려하며
함께 오랜 세월 살아가리라

2001.1.13

## 지금 있는 곳에서

여린 싹들은 여러 시절 겪으며
다 무엇 무엇이 된다
우리도 머언 세월
질긴 틈새에 끼여 가며가며
다 무엇무엇이 된다

꿈꾸는 무엇
꿈꾸다 마는 무엇

잔인한 세파에 죄를 짓고
후회하며 회개하며
안개속 아득한 길
고만고만한 삶을 붙잡고
허우적대며 떠내려간다

아, 되돌아보니 결국
먼지만도 못한 허업이구나

2018.9.20

103_지금 있는 곳에서

## 산책 2

앞산 숲길이 도시를 지운다
새소리 바람소리는 생명의 음악
혼자서 길을 따라가며
이 자연을 즐겨보자

집념은 작아지고
적개심은 약해진다
고마운 사람들이 생각난다
고집부린 일들이 부끄러워진다
낮아지고 감사하고 싶다

숲속 청정산소 덕분에
마음이 맑아지고 순해지나보다

2019.10.3

## 아고라 호텔, 일본

시가지를 벗어나
구불구불 오르막 밤길
언덕위 호텔에 도착해
602호방 배정받고
올라가 여장을 푼다

아내와 아들 가족은
대중탕으로 내려가고
나는 욕실에서
묵은 껍데기를 벗겨낸다

청결하고 경쾌하고
호젓한 밤이라

온전한 베이지색 불빛 아래
실내는 하얀 색
바닥은 녹자색 카펫
왕골슬리퍼가 특별하네

일본에서 첫날밤이
느릿느릿 깊어진다

2018.1.31

## 세월 6

푸리즘에 들어온 빛으로
20년생 어머니의
숨은 색깔을 찾아본다

잔기침하며 요강청소하고
자잘한 물건들을
방바닥에 늘어놓았다가 정리하고
고무줄 사다 드렸더니
속옷에 넣고 개운해 한다
모시적삼은 풀 먹여야 좋다고
밀가루를 조르신다

생명은 강인한게 아니야
끝없이 적응해 가는 길이지
슬픔도 증오도 쓰라림도
정응안에 들어가 눕는다

그리고 다 지나간다

2019.1.17

## 갈색 일몰

갈색 숲이 무르익는다
우수수 떨어지는 가랑잎들
초평호수 바위산비탈에 쌓인다
물가 산책로에 쌓인다

귀염둥이 다람쥐가 자주 보인다
월동을 준비하느라 분주하구나

비어가는 충만이다

2019.11.28

## 포인세티아

열렬한 붉은 빛
이파리가 꽃이라

캐럴에 맘껏 어울리는
축복의 시절

유익이나 욕망을
위하여 살아가는
고단한 삶을 내려놓고
스스로를 돌아 보며
가야할 것이라

올바른 방향은
착한 기운이
삶의 중심이어야 하겠다

이 시대
악한 기운이
크게 번성 중이라

멸망의 길이 아닌
희망의 길로 가야 한다

2019.11.11

## 주마간산 (일본기행 3)

날이 밝아 6층 창문을 여니
스몰 화단
연두빛 이파리를 내미는 꽃나무들

이층버스 타고 시내를 통과
산기슭에 있는 신사를 방문했다
고전복장의 남녀가 섞여 앉아
기도중인듯
공원 같은 전체 분위기다

눈덮인 규우슈우 산길, 들길
드넓은 벌판을 평안하게 달린다
산골 다랭이논이 보인다
시골 주택은 검은 기와지붕
하얀 벽 이층집이 대세다

유황온천지대로 오니
여기저기 하얀 김이
모락모락 솟아오른다.
세족하는 곳에
사람들이 모여 있다
아주 정결한 다다미방에서
평안한 저녁식사

오늘숙소는 카메노이호텔 7층 일본인들의 겸손함, 조용함을 생각하며
상쾌하게 잠들 수 있는 밤이라.

2018.1.31

## 시간의 무늬

아름다워지는
시간의 무늬야

배반의 습관으로
서로 고문하고 위로하며
계절의 절벽을
손등으로 쓰다듬고
서러운 눈동자로 도주한다

기침소리 문풍지를 울리면
내실의 정적은 깊어가고
못 잊어도 잊을 것을
타인의 땅끝에서
구름 가듯 헤어지자

1986.11.17

113_지금 있는 곳에서

## 303 호실 1

손목 중상으로 수술대위에 눕는다
어딘가 따끔하고
암호 같은 대화 들리는가 하더니…….

토요일 정오 무렵
우리병원에서 응급조치, 경과 보다가
화요일 오후
약 160분간 수술 후 병실행
뼈아픈 사람들 모인 방
시련과 고통을 겪으며 비로소 낮아진다

내 방광을 꾹꾹 눌러 오줌을 뺀다
밝고 아름다운 간호사들이
밤낮없이 드나든다
주사하고 약주고 드레싱하고
능숙한 보살핌이라

나는 입원치료 받으며
생명을 위해 매진하는 그들에게
감사를 절절히 느끼게 되었다

2019.8.26

## 이런저런 (일본기행 4)

먼동트는 도시
십자가 등이 전무하니 신기하다
오늘 여행 개시
가이드양이 요약 일본 역사를
나긋나긋 얘기한다

시골주택에 들어가 보았다
목조 이층, 정원 손질이 잘 되어 있고
작은 차고가 인상적이다
말끔한 다다미방
좁고 긴 복도가 정결하다
나무식반에 몇 가지 반찬과 밥
조금조금 음미하듯 했다

마침 겨울비가 내린다
인근 대형마트에 들려
구경도 하고 쇼핑을 한 다음
중심가 헤미나 호텔로 갔다

방안 흰 벽에 작은 꽃 그림
유화 두 개 걸려 있고
성숙은 느낌을 주는 나라다

2018.2.2

## 익숙함도 그리움 (일본여행 5)

삼박사일
오붓한 여행을 즐겼다
두건 분실사고 제하고

하나, 며느리가 식당에
깜빡 가방을 두고 나온 일
여권 여섯, 현금 다소
둘, 경북 60대 남자 핸드폰 분실
민첩, 침착하게 역추적
곧 해결해 준 가이드 양
고스란히 물건을 보관해 둔 일본인들
친절함, 책임감, 정직함이
놀랍고 고맙다

질서, 청결, 친절을 생활화
자연에 순응하며 살아가는 모습을
현지체험 함이라
이색적인 추억 한 마당 채우고
후쿠오카 공항으로 간다

익숙함도 그리움이야

2019.2.3

# 가족이 아버지께 드리는 글

아버지와 어머니의 아들로써 태어남에 감사 드리고 가족으로써 함께한 47년 참 행복했습니다.
오랜 경찰, 교직 생활에 여러 곳을 옮겨 다녔던 학창시절 과정에서도 즐거웠던 기억이 많이 남아 있습니다. 어린시절부터 아버지와는 즐겁고 행복했던 순간이 많았었습니다.
아버지, 항상 사랑하고 존경합니다.

-2022년 7월18일 큰 아들 드림

어린 시절
1983년 대전 옥계동 아버지 스케이트 날로 만들어주신 썰매,
병천 울퉁불퉁한 흙길 위에 아버지 자전거 뒷자리, 신부동 동남아파트 버드나무 앞 배구 연습,
함께여서 너무나도 소중한 시간입니다.
사랑하는 마음 표현 못 해서 너무 죄송합니다. 베풀어주신 은혜 너무 감사합니다.
아버지 존경하고 사랑합니다.

-2022년 7월19일 작은 아들 드림

너무나 건강하신 아버님이셨기에 지금 이런 시간이 실감이 나지 않습니다.
지혜가 넘치는 성준이 입시 잘 치루었고 큰일꾼 되게 할께요.
사랑이 넘치는 영준이도 훌륭하게 잘 키우겠습니다. 어머님 힘드시지 않게 저희가 잘 보살펴드리겠습니다.
아버님 80년의 노고와 가족에 대한 사랑. 잊지않겠습니다
사랑하고 존경합니다.

-2022년 7월18일 큰 며느리 드림

존경하고 사랑하는 할아버지께
어린 시절부터 지금까지 할아버지께서 주신 은혜는 헤아릴 수가 없습니다.
매일같이 할아버지네 큰 집으로 놀러가서 놀았고 철없는 초등학생의 많은 부탁을 하나하나 다 들어주시던 할아버지의 은혜는 평생 잊을 수 없을 겁니다.
몇 달 전에 할아버지가 제게 하셨던 부탁이 생각이 납니다.
말씀 받들어 서울대 올해 꼭 가겠습니다. 이렇게나마 지금까지 받았던 큰 은혜를 조금이라도 갚을 수 있지 않을까 합니다. 할아버지의 큰 사랑을 받을 수 있어서 행복했습니다
천국에서 편히 쉬세요 그리고 저의 수능을 지켜봐 주세요

-2022년 7월18일 큰 손자 드림

안녕하세요. 할아버지 작은 손자 이영준입니다.
할아버지가 예전에 저 때문에 고생 많이 하신 거 때문에 더 슬프네요.
할아버지가 기적이 일어났으면 좋겠네요. 그리고 얼마전에는 할아버지 시집도 썼죠.
지난 14년간 감사했습니다. 이제 할아버지 그만 짐을 내려 놓으시고 천국에 행복하게 사셨으면 좋겠습니다. 할아버지 사랑합니다.

-2022년 7월18일 작은손자 드림

한없는 희생과 사랑으로 가족을 위해 기도하고 헌신해서 일구어 놓은 옥토위에
자자 손손 아름답고 복된 열매를 맺기까지 우리 함께 기도해요
그립고 그리운 사랑하는 당신께 감사해요. 천국에서 기쁨으로 만나요

−2022년 7월20일 어머니가

## 아버지가 소천 전에 남기신 글

나는 학생시절 경찰국 경장시절 학교 선생 시절을 지내며 고독하게 살았단다.
그래서 가족들이 평생 어렵게 지내게 했구나. 다 미안하고 죄송한일이다. 살아보니 인생은 참 어려운 문제였다. 아내, 아들들, 며느리, 손자들 많이 많이 사랑하고 축복한다.
천국에서 항상 가족을 위해 기도 할께. 건강하게 행복하게 서로 사랑하며 잘 되기를 기도할께.
엄마를 부탁한다.

−2022년 7월19일 아버지가

이양복 네번째 시집

# 지금 있는 곳에서

2024년 7월 19일 인쇄
2024년 7월 19일 발행

지은이 이 양 복
펴낸이 신 용 호
펴낸곳 창조문학사

서울 서대문구 홍은동 397- 26 동천아카데미 5층
등록번호 제 1- 263호
전화 374- 9011, Fax 374- 5217
공급처 한국출판협동조합 전화 716- 5616~9


값 12,000원
ISBN 978- 89- 7734-812-7